NOTICE HISTORIQUE

SUR

AUBENCHEUL-AUX-BOIS,

MONTÉCOUVEZ,

LE BOIS-MAILLARD, PIENNE,

ET LA VIEUVILLE.

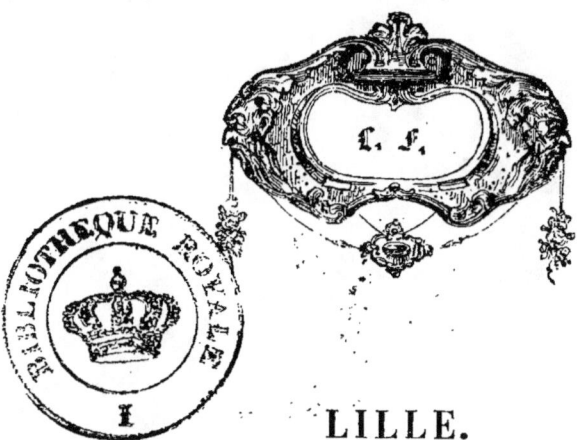

LILLE.

L. LEFORT, IMPRIMEUR-LIBRAIRE,

rue Esquermoise, 55.

MDCCCXLII.

AU CLERGÉ

DU CANTON DU CATELET,

AUX HABITANTS

D'AUBENCHEUL-AUX-BOIS ET DE MONTÉCOUVEZ,

TÉMOIGNAGE

DE RECONNAISSANCE ET D'AFFECTION.

Le Principal du collége d***
ancien curé d'Aubencheul,

L'abbé L. Boniface.

AVERTISSEMENT.

Si en parcourant cette notice, le lecteur s'étonnait de quelques particularités, nous le prierions de remarquer que ce travail, entrepris seulement pour un village et quelques hameaux, a dû être fait conformément aux désirs de ces localités ; de là les nombreuses étymologies proposées aux mots Aubencheul et Montécouvez, les fréquentes citations d'écrivains, les faits et le nom exprimés vers la fin de l'ouvrage, etc.... L'auteur s'est cru obligé de faire céder sa répugnance aux amicales et pressantes instances qu'on lui fit de vive voix et par écrit; il n'a pu refuser ce sacrifice à des paroissiens pour lesquels il se fût immolé, et à qui il donne peut-être aujourd'hui la dernière preuve qu'il puisse leur fournir de son dévouement sans bornes. Du reste, il espère qu'ils lui prêteront, en récompense, le secours de leurs prières, lui obtiendront le Ciel qu'il leur apprit à connaître, à gagner, et où il veut se retrouver au milieu d'eux dans une éternité de bonheur.

NOTICE

SUR

AUBENCHEUL-AUX-BOIS, MONTÉCOUVEZ, LE BOIS-MAILLARD, PIENNE ET LA VIEUVILLE.

PREMIÈRE PARTIE.

AUBENCHEUL-AUX-BOIS,

JUSQU'A SA PREMIÈRE DESTRUCTION.

Aubencheul-aux-bois est un petit village du département de l'Aisne, et du canton du Catelet; placé entre ce bourg, Vendhuile, la Terrière, Montécouvez, Villers-outreaux, Beaurevoir et Gouy, il appartint au Cambrésis jusqu'en 1789. Il fut nommé en latin *Abbetias*, *Aubechium* ou *Aubacum*[1], *Ambechia*[2], *Albenceolum* ou *Au-*

---

[1] A l'occasion d'une bulle du pape Urbain II, donnée en 1096.
[2] Gallia christ. tom. 3. page 27.

benceolum [1]; et, en français, Aubecheu [2], Aubechoel, Aubecuel, Aubencéel et Aubinceul en 1223, Obencuel, Aubenchœulx en 1660, Aubenceux en 1672, enfin Aubencheul; le nom spécifique *aux-bois*, destiné à le distinguer des autres Aubencheuls, lui vient de sa position entre les bois de Mortho, de Villers, de Beaurevoir, de Maillard, de Bertrand, de la Terrière, etc., presque tous défrichés aujourd'hui.

Les différents noms de ce village peuvent signifier abbaye, colline près de l'eau [3]; colline inculte [4], colline couverte de vipérines [5], vallée, paturage humide [6], vigne ou vignoble [7], lieu planté de

---

[1] Dans une lettre de M. Le Glay, archiviste du Nord, écrite en 1840.

[2] Dans une carte imprimée en 1790, mais rédigée sur des documents très-anciens. Cette carte fait sortir l'Escaut d'un étang qui se trouvait au pied du cimetière de Beaurevoir.

[3] Les syllabes alb, alp, alben, alpen, qui ont formé aub et aubeno, désignent une montagne couverte de neige, ou simplement une colline, selon le continuateur de Festus, de Philargyrius, d'Isidore, de Cluverius, d'Isaac Pontanus, de Spelman, d'Eustache, de Bochart, etc.; et peuvent venir de la langue punique, du celte ou du latin. Voyez Ménage, Dictionnaire des étymologies. *Acum* vient du celte, et signifie *eau*.

[4] Napoléon Landais.

[5] D'*Echium*, vipérine : herbe épineuse, de la famille des borraginées, assez commune aux environs d'Aubencheul.

[6] Lisez Procope; Nothérius, évêque de Véronne en 921; Rainart, abbé de Citeaux, etc.; mentionnés par Ducange, au mot *alpes*.

[7] D'*albana*, espèce de vigne à raisins blancs et tardifs. (Ducange).

saules [1], lieu planté d'aulnes [2], lieu planté de noisetiers [3], source, ruisseau limpide [4], Mais nous pensons que la signification véritable d'Aubencheul-aux-bois est : petites habitations de la colline au milieu des bois; ou plutôt petites habitations d'étrangers situées dans les bois [5]. Ainsi, ce village tient son nom, comme la plupart des lieux circonvoisins, ou de sa position, ou

[1] Une charte de Louis le Pieux, donnée en 838, prend *alpes* dans le sens de lieu planté de saules. (Ducange).

[2] D'*aubenia*, aunaie (Duc. suppl.).

[3] D'*albanæ*, noisetiers. (Duc.).

[4] Aubencheul a pu être environné de sources qui n'existent plus aujourd'hui, à cause du défrichement des bois; ainsi les sources de Fontaine-au-pire sont taries; celles d'Esne qui, il y a un siècle, faisaient mouvoir l'usine de Lucien Boniface, établie au lieu dit la *planchette*, sont aujourd'hui très-faibles et disparaissent quelquefois pendant trois ou quatre ans. Les sources de l'Escaut, existant jadis au pied du cimetière de Beaurevoir, (*Guichardin, Description des Pays-Bas: Charles-Louis Devillers, Histoire du mont Saint-Martin : Louis-Paul Colliette, Histoire du Vermandois*), ont disparu pour ne se remontrer qu'au pied du mont Saint-Martin. Il y a quelques années, on voyait encore dans le bois de Mortho un ruisseau allant se perdre à une centaine de pas de sa source; la nature du sol prouve qu'il a dû être de même à l'ouest et au sud d'Aubencheul.

[5] D'*albani*, *aubenæ*, *albanici* étrangers sur lequel existait le droit d'aubaine. Un privilége de Philippe, roi de France, donné à l'abbaye de Saint-Quentin en l'île, nomme les étrangers *aubani*. Ces expressions ont la même signification qu'*Advenæ, Avennæ, Avesnes*, nom de plusieurs localités du département du Nord, placées sur des hauteurs plus ou moins considérables. (Ducange).

Ceolum est un mot corrompu de *cella* petite demeure, ou un simple diminutif.

de ses produits, ou mieux, des circonstances de sa fondation [1].

Mais à quelle époque, à quelle cause attribuer la fondation de ce village, ou l'établissement de cette petite colonie? Selon l'historien Carpentier, Crève-cœur est antérieur à l'invasion de César, auquel les Gaulois auraient fait éprouver un rude échec en ce lieu ; c'est sans doute en mémoire d'un fait de cette nature que l'on a planté les stèles ou Men-hir de Belaise, autrefois au nombre de vingt-quatre, et rangées en rectangle. Esne, Crève-cœur, Vendhuile, Estrée, existaient sous d'autres noms du temps des Romains. Ceux-ci avaient même, suivant la tradition, fondé un établissement entre Montécouvez et Villers, à deux kilomètres d'Aubencheul ; l'auteur de cette notice a effectivement trouvé en cet endroit des morceaux de tuiles romaines.

Aubencheul a pu exister de ce temps, ou être fondé peu après l'invasion des Francs, soit par les habitants d'Honnecourt chassés de leur ville par les Huns, vers le milieu du cinquième siècle, soit par des bandes d'Ecossais, d'Anglais et de Lombards qui seront venues s'établir en ce lieu. On sait que ces peuples voyageaient beaucoup autrefois, s'établissaient en différents endroits et

---

[1] Beaurevoir de *bello visu*, belle vue; Mont brin de *mons brehennus*, mont stérile; Estrée de *strata*, grande chaussée. Ardissart, *terrain mauvais et sans propriétaire*; Catelet, de *castellum*, fort; Esne, de *aesnecia, ainescia, œnecia, Eyneia*, majorat, etc.

portaient seuls le nom d'aubains[1]; soit enfin par des serfs qui, fuyant la dureté de leurs maîtres, seront venus habiter les bois du puissant seigneur de Crève-cœur, lequel aura joui sur eux du droit d'aubaine. Ce droit varia beaucoup; tantôt il n'appartint qu'aux rois, et tantôt il fut attribué aux évêques et aux simples seigneurs; on ne l'exerça d'abord qu'envers les étrangers venus de loin, mais dans la suite on y soumit ceux mêmes qui changeaient de diocèse ou de seigneurie. Le plus souvent le droit d'aubaine donnait aux rois et aux seigneurs le pouvoir de s'emparer de tous les biens de l'étranger mort dans l'étendue de leur domination; parfois aussi il ne leur permettait que de prélever un sens chaque année sur les aubains[2], laissant à ceux-ci la libre disposition de leurs biens; tel était ce droit à Valenciennes[3]; tout porte à croire qu'il en aura été de même à Aubencheul, et dans la supposition où ce village aurait été fondé par des aubains ou étrangers, ceux-ci n'auront que payé un sens aux seigneurs de Crèvecœur. Au reste, les évêques de Cambrai semblent avoir eu aussi quelques droits ou quelques possessions à Aubencheul, car la première fois que l'histoire nous parle de cette localité, c'est pour nous apprendre qu'en 1048, au plus tard, Gérard, évêque de Cambrai, y fonda un couvent d'hommes

---

[1] C'est le sentiment d'Antoine Loisel et de Ducange, cités par Ménage, au mot Aubain.
[2] Ducange.
[3] D'Outreman, hist. de Valenc., page 342.

de l'ordre de la Sainte-Trinité, nommé *Abbetias*, *Aubechium*, et placé sur une éminence entre le bois de Mortho et Aubencheul : les restes de fondations qu'on trouve en ce lieu et la tradition du pays ne laissent point de doute à ce sujet [1].

Le pape Urbain II confirma cette érection en 1096, par une bulle dont voici le texte et la traduction :

Urbanus episcopus servus servorum Dei delecto filio Rogerio abbati monasterii quod situm est in parochia cameracense, in insula quæ dicetur Abbetias, salutem et apostolicam benedictionem. Officii nostri nos hortatur auctoritas pro ecclesiarum statu sollicitos esse, et quæ recte statuta sunt stabilire. Quamobrem, carissime fili Rogeri, tuis petitionibus apostolicæ begnignatis aures inclinantes, monasterium sanctissimæ Trinitatis, cui Deo auctore præsides, præsentis decreti auctoritate munimus; et quæcumque bona venerabilis confrater noster Gerardus Cameracensis episcopus cujus nimerum donatione locus ipse institutus esse cognoscitur, præfato monasterio contulit : quæcumque præterea quilibet fideles de suo jure concesserunt, vel in futurum sancti Spiritûs inspiratione concesserint, integra semper et illibata manere apostolica auctoritate sancimus. Decrevennus itaque, ut nulli omnino hominum liceat eumdem locum temere

---

[1] Ce sont M. Lefranc, propriétaire de ces champs, et Mme Lefranc qui ont eu la bonté de me donner des détails sur ces fondations et sur cette tradition.

perturbare, vel ejus possessiones auferre, minuere, vel temerariis vexationibus fatigare, sed omnia integra conserventur eorum pro quorum sustentatione ac gubernatione concessa sunt usibus omnimodis profutura. Quisquis autem locum ipsum pro divini amoris reverentia vel rebus suis ditare; protegere, vel pro sua facultate exaltare studuerit, omnipotentis Dei misericordiam et apostolicam ejus gratiam consequatur. Qui vero, contrà hujus nostri decreti tenorem pertinaciter ageri tentaverit, sancti Spiritûs gladio plectatur. Datum apud Clarum montem Arverniæ, per manum Johannis S. A. E. diaconi cardinalis, III. Calendas decembris indictione III, [1] anno Dom. incarnationis MXCVI pontificatus autem domini Urbani secundi papæ anno VIII [2].

TRADUCTION.

« Urbain, évêque, serviteur des serviteurs de Dieu, à notre cher fils Roger, abbé du monastère situé dans le diocèse de Cambrai, au lieu retiré nommé *Abbetias*, salut et bénédiction apostolique.

» L'autorité de notre charge nous porte à veiller avec sollicitude à l'état des églises et à confirmer ce qui a été justement établi. C'est pourquoi, très-cher fils Roger, notre bonté apostolique, prêtant à vos demandes une oreille favorable, nous

---

[1] Potius IV.
[2] Gallia christ. tom. 3, page 77; instruments du même volume, page 18. Ex Chartulario Ghisleniano, chap. 14. col. 17.

munissons de l'autorité du présent décret le monastère de la Très-Sainte-Trinité, à la tête duquel Dieu vous a placé. Nous ordonnons de laisser entiers et intacts et nous sanctionnons de notre autorité apostolique tous les biens que notre vénérable confrère Gérard, évêque de Cambrai, a conférés audit monastère, fondé comme on sait par les dons de ce prélat, et nous voulons en outre qu'il en soit de même de tous les biens que les fidèles quelconques ont cédés, ou seront inspirés par le Saint-Esprit à céder de leur plein droit. A ces causes, nous avons décrété qu'il ne sera permis à aucune personne, quelle qu'elle soit, de troubler témérairement ce lieu, d'enlever, de diminuer ou de gêner ses possessions par d'injustes vexations; mais que tout sera conservé intact au profit et à l'usage complet de ceux pour le soutien et le gouvernement desquels ces donations ont eu lieu. Que quiconque, respectueusement fidèle aux inspirations de la crainte de Dieu, se sera efforcé d'enrichir de ses biens, de protéger, de rehausser selon son pouvoir ledit monastère, reçoive la miséricorde du Tout-Puissant et la bienveillance de ses apôtres. Mais que celui qui tentera avec opiniâtreté, d'agir contre la teneur du présent décret soit frappé du glaive de l'Esprit saint. Donné à Clermont en Auvergne, par la main de Jean S. A. E., cardinal, le trois des calendes de décembre [1], indiction troisième [2], l'an de l'incar-

---

[1] Le 3 décembre.
[2] Indiction quatrième.

nation de Notre-Seigneur 1096, et du pontificat du pape Urbain II, le huitième.

L. B. Odon, sacré évêque de Cambrai en 1105, donna cette même année une charte à Roger, abbé d'Aubencheul. (Abbate ambeciensi), souscrite par Bauduin, doyen [1].

Nonobstant cette bulle, le monastère d'Aubencheul n'exista qu'environ soixante-dix ans. Burchard, évêque de Cambrai, le donna à l'abbaye de Saint-Ghislain, l'an de l'incarnation 1118, et de son épiscopat, le troisième [2]. L'acte de donation est souscrit par Eribaldus, prévôt, et Oylardus, doyen [3]. Jusque vers cette époque, Aubencheul avait fait partie de Crève-cœur; mais, vers l'an 1090, il fut érigé en seigneurie et forma l'apanage d'un puîné de cette maison, nommé Guatier, ou Watier, qui prit aussitôt le titre de seigneur d'Aubencheul [4] : il a dû porter de gueule à trois chevrons d'or, avec une marque quelconque [5], et crier : *Latour-Landry-Aubencheul* [6]; c'est-à-dire que ses armes devaient former un écusson au fond rouge, orné de trois angles dorés; que dans les combats il devait rappeler ses gens en criant : *Latour-*

---

[1] Gallia christ. tom. 3. page 26.
[2] Voyez Gallia. christ. aux lieux précités.
[3] Gallia christ. tom. 3. page 27. Nous serons peut-être un jour assez heureux pour découvrir et publier les chartes d'Odon et de Burchard.
[4] Le Carpentier, 3ᵉ partie, page 109.
[5] Le Carpentier, 3ᵉ partie, page 453. Le père Ménestrier. Art héraldique, page 42, dit d'or à trois chevrons de gueule.
[6] Gélic.

Landry-Aubencheul [1] *!* et qu'il était chevalier; puisque la couleur rouge ne pouvait être portée que par les membres de la chevalerie [2]. Il parut en 1096 au tournois d'Anchin avec Beauduin, son fils, et signa la même année avec Beauduin, son neveu, (Nepos ejus) une charte par laquelle Anselle, châtelain de Valenciennes..., donnait à l'abbaye d'Anchin toutes ses possessions d'Ynchy. Beauduin, son fils, qualifié sire d'Aubencheul et chevalier, lui succéda en 1145. Il assembla Simon d'Oisy, châtelain de Cambrai, Hugues de Rumely (ou Rumillies), Verric de Bantœul (ou Banteux), Olmon de Vincy, Watier de la Fosse, Renaud de Haucourt, Gilles de Carvin, Watier de Ligny, Jacquemart de la Lacherie, Pierrart Labeil, Louis de Caulery, Guillaume de Fresnoy, Jean de Seranvillers, etc., et en présence de ces chevaliers, il donna à l'abbaye de Saint-Aubert tout le droit qu'il avait sur les dîmes de son village. Ceci explique pourquoi les religieux de cette abbaye possédaient la cure d'Aubencheul, dans le douzième siècle, et pourquoi ils y firent bâtir, en 1663, un presbytère et un commencement d'église. Beauduin épousa Jeanne de la Hamaïde [3], dame de Suireux [4], dont il fut obligé par contrat de mariage de prendre les armes et

---

[1] Histoire du blason de M. l'abbé de Vallemont, 3.e partie, chap. 4.
[2] Le P. Ménestrier : Nouvelle méthode du Blason, ou art héraldique, 48e leçon, page 481.
[3] Terre du Hainaut.
[4] Voyez le Carpentier aux endroits précités.

que la postérité a retenues. Elles étaient d'or, à trois fasces ou hamaïdes de gueule; c'est-à-dire qu'elles formaient un écusson à fond d'or traversé par trois bandes rouges, un peu plus courtes que la largeur de l'écusson[1]; et que, dans les grandes réunions, il devait porter une cuirasse dorée sur des habits rouges[2]; ce mariage lui avait procuré sept enfants en 1168, dont quatre fils et trois filles.

L'aîné, nommé Beauduin et surnommé Gaucelin, est mentionné en plusieurs titres de 1168 à 1192; et plus tard, il épousa Marie de Béthune, dite de Carency, fille de Sicher de Béthune, sire de Carency et d'Ablain; il avait pour cousin le seigneur de Richancourt, Michel Bernard, auquel il fit approuver en 1175, une donation qu'il avait faite sous ses yeux en faveur de l'abbaye de Mont-Saint-Martin.

Le second fut Jacques d'Aubencheul, qui se maria à une personne nommée Alix, de laquelle il eut deux fils, Beauduin et Jacques, et une fille appelée Alix, comme sa mère. Ces deux frères étaient nommés, en 1184, vassaux de Hugues d'Oisy, châtelain de Cambrai, et convoqués par l'évêque Roger, afin de confirmer une donation que Hugues faisait à l'église de Saint-Aubert. Onze ans plus tard, Beauduin d'Aubencheul fut pris pour arbitre dans un différend que le châtelain de Bapaume et le

---

[1] Les fasces étaient des écharpes données aux chevaliers par les dames. Elém. de l'hist. par l'abbé de Vallemont, tom. 1. page 386.

[2] Voyez l'Art héraldique du P. Menestrie, et l'Histoire du Blason par M. l'abbé de Vallemont.

seigneur de Walincourt eurent à l'occasion d'une terre située entre Aubencheul et Crève-cœur. Beauduin, fils aîné de Jacques d'Aubencheul, épousa au plus tard en 1212, Alix de Marcq, de la contrée d'Ardres. On pense qu'elle descendait du brave Elembert, vicomte de Marcq, et qu'elle était la huitième fille d'Arnould, fils d'Elembert. Plusieurs chartes de 1206, 1215, 1216, 1222, 1228, etc. donnent à Beauduin les titres de Bailly de Crève-cœur, de Montmirail et d'Oisy; il laissa aux églises de Cambrai de nombreuses marques de son zèle et de sa piété.

Ce fut lui qui, sous les titres de chevalier et seigneur d'Aubencéel ou Aubinceul, et Oda, son épouse, fondèrent, un peu avant 1225, l'abbaye du Verger[1], laquelle possédait encore des terres à Aubencheul au moment de la révolution de 1793. Jean, comte de Chartres, seigneur de Mont-mirail et d'Oisy, et Elisabeth, son épouse, eurent une grande part à cette fondation[2]. L'historien Le Carpentier nous a transmis un acte de ce Beauduin; en voici le texte et la traduction :

« Ego B., de Aubenchoel Ballivus viri nobilis J. Comitis Carnot, Domini oisiaci, notum facio quod Egidius de Mamuchet homo Domini mei et Iveta uxor ejus vendiderunt eccles. s. Auberti, Camerac. etc. totam decimam quam habebant et tenebant in feodum de præfato Domino meo in Escurvilers, etc. Ut autem

[1] Cette abbaye était située dans la vallée de la Sensée entre Cambrai et Douai.
[2] Gallia christ. tom. 3. page 185.

hæc omnia possint esse in posterum magis firma, meo feci sigillo chartam istam muniri, et hominum Domini mei, et etiam aliorum qui præsentes fuerunt nomina subnotari. Joannes Creton, Jacobus de Aubenchoel, frater meus, Robertus Rosel Milites, Godefridus major, Egidius major de Mamuchet, Egidius Præpos de Crieuvecuer, Walterus Bernars, Jacobus dAnsel homines Domini mei, Egidius des Lesdaing, Johannes de Serainvilers, Milites. Ingelbertus præpos de Oisy. Datum An. D. M.CC.XXVIII.

TRADUCTION DE LA CHARTE PRÉCÉDENTE.

Moi, Beauduin d'Aubencheul, Bailly de noble Jean, comte de Chartres, seigneur d'Oisy, fais savoir que Gilles de Mamuchet, vassal de mon maître, et Ivète son épouse vendirent à l'église de Saint-Aubert, toute la dîme qu'ils avaient et tenaient en fief de mon dit maître à Escurvilers, etc., et, afin que cette donation soit mieux confirmée pour la postérité, j'ai ordonné que cette charte fût munie de mon sceau, de la signature des vassaux de mon maître, et de celle de tous les autres qui furent présents à cet acte. Jean Creton; Jacques d'Aubencheul, mon frère; Robert Rosel, chevalier; Godefroi, l'aîné; Gilles, l'aîné de Mamuchet : Gilles Prévôt de Crève-cœur; Wautier Bernard, Jacques dAnsel, vassaux de mon maître, Gilles de Lesdain, Jean de Seranvillers, chevaliers. Ingelbert, prévôt d'Oisy. Donné l'an de Notre-Seigneur. 1228.

Le séel, pendu à cette charte avec un las de soie, représente trois fasces.

C'est la dernière fois que nous le trouvons mentionné dans les écrits; il est probable que Beauduin mourut quelque temps après; car en 1238, Jacques, son frère lui avait succédé dans la charge de Bailly d'Oisy. Ce Jacques d'Aubencheul assista en 1237 à la cession que Hugues d'Aniches, fit aux chanoines de Saint-Géry de tous les droits qu'il avait sur les eaux de la Sensée. Ce fait donne à penser que la famille, dominant à Aubencheul-aux-bois, exerçait aussi quelques droits ou quelque influence à Aubencheul-au-bac situé sur la Sensée. Jacques avait épousé Alix, qualifiée dame d'Aubencheul; il semble que ce fut elle qui donna quarante-deux livres de revenu aux religieuses de Prémy. Une charte de 1257 le nomme vassal de Matthieu, seigneur d'Oisy et de Crève-cœur; il devait avoir alors quatre-vingt-treize ans. Beauduin, seigneur de Walincourt le met au rang de ceux qu'il appelle *Pares meos*, mes égaux ou mes pairs, tels que Hugues de Crève-cœur, Landry d'Oisy, etc.... Jacques épousa en secondes noces Jeanne de Gwatripont; ils donnèrent ensemble à l'abbaye du Verger, dix mencaudées de terre situées au terroir de Fressies. Leurs enfants, Beauduin, Jacques, Watier et Agnès consentirent à cette donation.

Quant à Alix, sœur de Beauduin et de Jacques d'Aubencheul, elle fut mariée à Hugues, fils de Hugues Bournel, seigneur d'Equerchin, portant le titre de Capitaine de Cambrai en 1215; c'est d'eux que descendait Hugues Bournel, qui en 1410 conduisit les troupes du duc de Bourgogne avec Robert d'Esne, Bailly d'Amiens; Mansart d'Esne, Bailly de Vitry, etc...

Beauduin, fils aîné de Jacques d'Aubencheul, s'unit à Mahault du Maisnil, dans la châtellenie de Lille; il était seigneur de Mœuvre en 1270. Son frère Jacques, dans une charte de 1245, où leur père est nommé Bailly du seigneur d'Oisy, est appelé l'enfant (puer) d'Aubencheul; il est qualifié du titre de chevalier, et possédait en 1280 une terre à Inchy, laquelle appartint ensuite à Pierre de Béthune.

Beauduin paraît n'avoir eu qu'une fille de Mahault, elle se nommait Adèle, et se maria à Jean d'Ittre.

Il y eut une Béatrix d'Aubencheul qui épousa un Watier de Wadripont, chevalier, capitaine du château de Beaurevoir, en 1260, et dont il eut Hugues et Jacques de Gwadripont. Ils sont mentionnés dans une charte de l'an 1298, appartenante à l'abbaye du Verger à laquelle ils firent du bien.

Il est encore fait mention d'une Mairesse d'Aubencheul, qui hérita d'assez grands biens en 1230, et d'un Jean d'Aubencheul, victime d'une trahison que nous allons rapporter.

Jean d'Aubencheul était châtelain de la forteresse de Malmaison située sur les confins du Cambrésis, du côté du Cateau; elle était de la domination de l'évêque, lequel y entretenait une garnison. Mansart, pair du Cambrésis et Grignard, chevalier, tous deux fils du sieur d'Esne, sous prétexte de traiter de mariage avec la fille de Jean d'Aubencheul, châtelain de la forteresse, saisirent le moment où il était allé à la chasse pour s'en rendre maîtres. Le fils du châtelain, et sa sœur, laquelle brûlait de voir conclure le mariage, ordonnèrent aux sentinelles et aux portiers de les laisser entrer avec plusieurs de leurs gens. Pour affaiblir la garnison qui aurait pu mettre obstacle à leur dessein, ils envoient quelques soldats au châtelain, afin de lui mander de se rendre à la forteresse et de travailler au mariage dont il était question. Le châtelain fut saisi à son retour et fait prisonnier. Au lieu de traiter de mariage on envoya chercher des canons à Esne, pour se défendre dans la forteresse [1].

Depuis cette époque, et principalement depuis 1315, la famille d'Aubencheul-aux-bois qui en a formé plusieurs autres du nom d'Aubencheul, n'offre plus qu'un chaos dans lequel nous n'osons pas encore essayer de porter la lumière. La seigneurie de ce village lui échappa sans doute à cette époque pour passer entre les mains des dames du Verger.

Remarquons que presque tous les aînés des seigneurs d'Aubencheul, et par conséquent les seigneurs eux-mêmes, portèrent le nom de Beauduin. Ils étaient, comme ceux d'Esne et de Longsart, *pairs* du Cambrésis dès le 12° siècle. C'étaient des espèces de sénateurs qui gouvernaient le Cambrésis avant que le comté en eût été donné aux évêques ; il semble qu'ils retinrent dans la suite quelque chose de cette autorité.

[1] Histoire de Cambrai, par Dupont, 3° volume, page 54.

Les familles d'Aubencheul firent du bien aux abbayes du mont Saint-Martin, de Saint-Aubert, de Premy, du Verger et de Vaucelles. Plusieurs de leurs membres choisirent leur sépulture dans ces différentes abbayes.

Nous ne croyons pas devoir parler des productions actuelles du territoire d'Aubencheul, elles sont assez connues, nous nous contenterons de faire observer que les coteaux voisins étaient autrefois couverts de vignes, comme ceux des environs de Ruesne [1], de Valenciennes [2], et de plusieurs autres localités du département du Nord. On en trouve des preuves évidentes dans un registre des archives de Crève-cœur, contenant des actes de recette pour vente de vin récolté dans cette commune, et des mémoires de dépenses pour la culture des vignes, les vendanges, le foulage, l'entonnage, l'encavage, etc., datés de 1442 [3]. Les vignobles dont il est parlé ici appartenaient aux enfants de Guillaume Dinart, dont les tuteurs vendaient le vin de cinq à dix francs [4] environ le muid. En 1511, les vignobles de Crève-cœur existaient encore, comme on peut s'en convaincre par la charte suivante, que nous extrayons de l'histoire de Cambrai par Le Carpentier :

« Jacques, humble abbé, Prieur et couvent de

---

[1] Annuaire du département du Nord.
[2] D'Outreman dit à la page 246 de son histoire de Valanciennes, qu'en 1456 il y avait encore des vignobles dans cette ville et aux environs.
[3] Il y est dit aussi que l'année commence et finit à Pâques.
[4] De la monnaie d'alors qui avait au moins quatre fois plus de valeur que celle d'aujourd'hui.

l'église de Saint-Aubert en Cambray del ordene s. Augustin et Jehan Créton, écuyer sr. de Mauville, Revelon, Hérin, et citoien de Cambrai, à tous savoir faisons, que avons ce jourdhui daté de cestes sur ce que nous abbé et couvent dessus dit avons droit de prendre, cœullir, avoir et lever sur deux mencaudées de terre ou environ, etc. situées assés prez de Crèveceur, au lieu que on dit le *clos de Hérin*, tenant par devers à la haute rue des vignes, d'autre costé à l'éritage Gillequin de Flameng, par derrière et sur les camps à 6 mencaudées et 16 verges de la censse de le Boue, d'autre costé à 3 mencaud. appart. au dit Jehan Créton, et d'une autre demi sens à l'éritage qui fut Robert de le Vingnet, chacun an la grosse disme de *roisins et vins* et de toutes autres choses, qui peuvent devoir grosse disme, etc., fait le 20. jour du mois de Juing l'an M. CCCCC. XI.

Enfin le même auteur nous dit, à l'article de Gouy, que l'abbaye de Saint-Aubert posséda les dîmes et le *vinage* de cette commune. Le sol n'a rien de remarquable sinon que dans un champ de M. Célestin Lefebvre, situé à gauche du chemin qui conduit d'Aubencheul à Montécouvez, on trouve à quatre mètres environ de profondeur, une couche de bois carbonisé, entremêlé de sulfure de fer, et de résine ayant déjà éprouvé l'action du feu.

Nous n'avons rien dit des coutumes d'Aubencheul pendant les siècles précités, parce que les historiens n'en parlent pas. Elles furent sans doute conformes à celles des communes voisines, et nous espérons les faire assez connaître en transcrivant ici les chartes octroyées dans ces temps aux communes d'Esne et de Walincourt. Elles sont extraites de la notice sur Esne, par M. le docteur Le Glay, archiviste du département du Nord.

LOI D'ESNE. (1193.)

« In nomine Patris, et Filii et Spiritûs sancti. Amen. E. de Landast, par Cameracesii et dominus de Aisna, tam presentibus quam futuris in perpetuum. Cum siquidem preteritorum abusus in meliorem consuetudinem transformare pium [1] esse consideravimus, que de assensu nostro et de amicorum nostrorum consilio, petitioni etiam hominum nostrorum adquiescentes pio affectu ordinavimus ut perpetua solidentur firmitate, nostre auctoritatis numine convenit insigniri. Ad posterorum igitur notitiam volumus pervenire quatenus in villa de Aisna perpetuo tenendum constituimus, quod si quis in eadem villa mansum, vel terram tenuerit, sex curiatas per annum, a festo beati Remigii usque ad festum beati Johannis-Baptistæ, quandocunque Dominus voluerit, solvere tenebitur. Itaque, si manu operarius sit, opere manuum solvet, et si equum habeat, cum equo solvat. Quicunque etiam ibidem mansum tenuerit, pro eo tres solidos cameracensis monete quotannis solvet et reliquum redditum velut antiquitus statutum est.

[1] Dans Carpentier on lit *prius*, ce qui est un non sens.

Si quis autem sex mencaldatas terræ vel minus cum manso possederit, de singulis singulos solidos solvere tenebitur, nec de tribus supradictis solidis eo amplius taxabitur. Sed si sex mencaldatas et dimidiam vel plures tenuerit, de singulis singulos solidos, ut dictum est, solvet et tres solidi de manso remittentur. Preterea si quis terram suam vendere voluerit, proximo suo primum offeret; si proximus eam emere renuerit, Domino venalis offeratur; sin autem Dominus eam emit, cuilibet, salvo jure Domini, vendere eam valebit, eo tenore quod emptorem in eadem villa sub potestate Domini oportebit remanere. A venditore vero sex nummi de quacunque mencaldata pro exitu, ab emptore, duodecim pro introitu, Domino solventur. Insuper si aliquis in manso suo tres domos vel plures vel minus habuerit, de singulis, preter illam in qua manere consueverit, voluntatem suam, si ibidem remanserit, libere faciet. Et si de manso omnino exire voluerit, Dominus suus in meliori domo medietatem habebit. Si vero in eadem villa, sub potestate ejusdem Domini, causa meliorandi si aliquis ad aliud mansum transtulerit, domos suas quotquot sint vendere vel alibi deferre poterit. Dominus vero hospites suos in negocium suum vel in negocium episcopi cameracensis cum armis ducere poterit, sic autem quod in ipsius diei vespere ad hospicium suum possint remeare. Et si isdem Dominus eos in illud negocium dimitti tenuerit, necessarias eis expensas de suo pendebit. Si etiam Dominus filium suum vel fratrem tyronem militem fecerit, aut filiam suam vel sororem maritaverit, vel si Jherusalem peregre perficere voluerit, ab hospitibus suis auxilium, juxta possibilitatem eorum impetrabit. Et si de guerra vel de tornamento captus fuerit, hoc idem semel in anno impetrare ei licebit. Si quis autem in eadem villa aliquem coram testimonio blasphemaverit, v solidos satisfaciet. Si violentas manus injecerit non apparente sanguine, x solidos. Si sanguinem violenter effuderit, xl solidos. Si vero aliquis ibidem hominem occiderit, vel alicui membrum abstulerit, in dispositione Domini ipse et census ipsius relinquetur. Si vero aliquis hominum de villa exire voluerit ut ad aliam villam se mansurum transferat, Dominus ipsum et sua infra terminos dominii sui, salvo jure suo, conducere debet. Et si aliqua causa inter homines ad invicem inciderit, vel inter Dominum et ipsos, lege et judicio scabinorum à Domino, causa eorum traclabitur. Dominus vero bannos et reliquos justicie articulos in manu sua plenarie retinet. Tam favorabilis ligitur institutionis paginam, ut rata jugiter et inconcussa permaneat, sigilli nostri karactere munivimus. Et ne posteris videatur irritum quod pie ordinavimus, illos qui tante institutioni contraire præsumpserint, a pluribus presbiteris excommunicari fecimus, et testes doneos subnotavimus. Signum presbiterorum, Herberti, abbatis Sancti-Auberti. Werrici prepositi, Sigeri, Egidii Capellani. S. militum, Walteri Gaskiere, Willelmi de Lonsart, Philippi de Rumelli, Hugonis Infantis, Amalrici de Deheries, Egidii de Caveleri, Egidii

Louet [1], Balduini de Pomerio. — Actum Dominicæ Incarnationis M.C.LXXXXIII. »

TRADUCTION.

Au nom du Père, et du Fils et du Saint-Esprit. Amen. Arnoul de Landast [2], pair de Cambrésis [2], seigneur d'Esne, à tous présents et à venir. Attendu que c'est une chose bonne et pieuse de réformer les abus et d'y substituer de louables coutumes; après avoir de notre plein gré, de l'avis de nos amis et pour faire droit à la requête de nos hommes, établi certaine constitution, nous avons voulu la rendre ferme et stable en lui donnant la sanction de notre autorité. Que la postérité sache donc que nous avons statué à perpétuité ce qui suit pour notre ville d'Esne. Quiconque y possédera un manse ou une terre, devra fournir six corvées par an, quand il en sera requis par le seigneur, depuis la St-Remi jusqu'à la St.-Jean. Si c'est un manouvrier, il s'acquittera par le travail de ses mains; s'il possède un cheval, il fournira son cheval pour la corvée. En outre, tout possesseur d'un manse devra pour cette propriété trois sols cambrésiens; et si le manse

[1] Carpentier a substitué de son chef *Levin* à *Louet*.
[2] Le sceau, pendant au bas de la charte et attaché avec des lemnisques de cuir, présente un cavalier armé, et porte pour légende : *Sigillum Ernulfi domini de Aisna*.
[3] On ne sait pas bien à quelle époque remonte l'institution des pairs du Cambrésis; mais cette qualification prise ici par Arnould de Landast, prouve qu'elle existait avant le treizième siècle. Carpentier les fait remonter au dixième siècle, mais sans preuves.

est grevé d'une autre redevance, il la paiera comme par le passé. Si quelqu'un possède six mencaudées, ou plus ou moins avec un manse, il paiera un sol pour chaque mencaudée et n'en sera pas moins assujetti aux trois sols dont il vient d'être question pour le manse. Quant à celui qui aura six mencaudées et demie, ou plus avec un manse, il payera bien un sol par chaque mencaudée, mais les trois sols dus pour le manse lui seront déduits. Quiconque voudra vendre son champ, devra l'offrir d'abord à son voisin; si celui-ci ne veut pas l'acheter, le propriétaire proposera au seigneur de l'acheter; et si le seigneur n'en fait pas l'acquisition, le propriétaire pourra vendre son champ à qui bon lui semblera, pourvu toutefois que l'acheteur prenne l'engagement d'habiter ladite ville d'Esne; le seigneur percevra à chaque mencaudée, du vendeur, pour droit d'issue, six deniers, et de l'acheteur, pour droit d'entrée, douze deniers. De plus, si quelqu'un a dans son manse trois maisons, ou plus ou moins, et qu'il habite ce même manse, il fera ce qu'il voudra de chacune de ces maisons, à l'exception de celle où il aura sa demeure; et s'il veut sortir de son manse et de la commune, le seigneur aura droit à la moitié de la meilleure maison qui s'y trouvera; mais si, dans l'intention d'améliorer ses biens, un habitant voulait s'établir dans un autre manse de la même ville, sous la juridiction du même seigneur, il pourra à son gré vendre toutes ses maisons où les transférer ailleurs. Le seigneur peut, pour ses propres affaires ou pour celles de l'évêque de

Cambrai, emmener avec lui ses vassaux armés, mais toujours de manière qu'ils puissent être rentrés dans leurs foyers, le soir du même jour. Or, toutes les fois que le seigneur retiendra ainsi ses vassaux pour ses propres affaires, il devra fournir à tous leurs besoins.

» Quand le seigneur élèvera son fils ou son frère au rang de chevalier, quand il mariera sa fille ou sa sœur, et quand il entreprendra le voyage de Jérusalem, ses vassaux lui devront un secours proportionné à leurs moyens. S'il arrive au seigneur d'être fait prisonnier, soit à la guerre, soit dans un tournoi, les vassaux lui accorderont encore un secours, mais seulement une fois dans l'année. Quiconque dans cette ville d'Esne insultera gravement un autre en présence de témoins payera cinq sols. Celui qui aura frappé quelqu'un sans effusion de sang, payera dix sols. Celui qui, en frappant, aura fait couler le sang devra payer soixante sols. Enfin, quiconque aura donné la mort à un homme, ou l'aura démembré, sera mis, lui et tous ses biens, à la disposition du seigneur.

» Quand un homme voudra quitter la ville pour prendre domicile ailleurs, le seigneur, après avoir assuré ses propres droits, devra le faire conduire, lui et tout son avoir, jusqu'aux limites du territoire.

» Si quelque procès s'élève soit de vassal à vassal, soit entre le vassal et le seigneur, la cause sera jugée conformément à la loi, par les échevins du seigneur. Du reste, le seigneur retient dans sa main les bans et autres points de la justice. Enfin, pour rendre cette institution ferme et inébranlable, nous avons muni le présent acte de l'empreinte de notre sceau, et, afin que la postérité ne regarde pas comme une chose vaine ce que décrète ici notre piété, nous avons fait excommunier par plusieurs prêtres tous ceux qui oseraient enfreindre cette charte qui est attestée par des témoins respectables. *Seing des prêtres.* Herbert, abbé de St.-Aubert [1], Werric, prévôt, Siger, Gilles, chapelain. *Seing des chevaliers.* Watier Gaskiere, Guillaume de Lonsart, Philippe de Rumilly, Hugues Lenfant, Amaury de Déhéries, Gilles Louet, Baudouin de Pomery. Fait l'an de l'incarnation 1193. »

PREMIÈRE LOI DE WALINCOURT. (1237.)

« En nom li peres et li sint esprit, Amen. Jo *Baudoins Buridans*, Sires de *Walleincourt*, fact savoir à tos chiaus ki chest escript verront et orront, ke jo por li salut de marme, et de mi anchisseurs ai donee et assise loi en me tierre à le requeste de mes homs en li ville de *Wallaincort*, de *Maslaincort*, de *Preumont*, de *Aeleincort*, de li *Sottiere*, de *Clari*, et de *Selvigni*. Et li loi si est telle. Kicunque tuera home ou desmemberra dedens li teroir li Seignour de *Wallaincort*, mort paie mort, membre por membre, u en le volentet au Seignour, et li sire ne puet chelui qui mes fais remettre en le ville, san en faire raisnable

[1] Herbert fut abbé de Saint-Aubert à Cambrai, depuis 1183 jusqu'en 1200.

pais as amis. Et li mordreres prieront de merchi. Se aucuns manans en le villes a werre à autre manant en li villes, li Sires li doibt faire asseurer deden li franchise de le villes, etc. Cette loi ai-ie creancée avec *Joie Soier* no suer, et *Jean Liesuins*, sires de Dours, *Drues* ses frères, et *Colars* ses frères etc. Che fu tait en li an dele incarnation nostre Seignour, m.cc. et xxxvii. el mois de Jenuier, etc. »

DEUXIÈME LOI DE WALINCOURT. (1316.)

« Nous *Iehans*, sires de *Walincourt* et de *Chisoing*, Bers de Flandres, fasçons savoir à tous ki ches laitres verront u oront ke veiant, et aiant veus molt de corruptele, et defaillanche en no loi de *Waulincourt* depuis li estaulissement fait par no anchestre *Bauduins Buridans*, Sire de chile mesme tierre, à ke Dius pardonist, nous por li salus de no arme, et de no anchestres, et ossi por li repos et pais de tos mes gens habitans en me villes de *Waulincourt*[1], de *Selvingni*[2], de *Eslinkourt*[3], de *Peremont*[4]; de *Malincourt*[5], de *Claris*[6] et otres, nous avons apielés, huqués

[1] Walincourt, arr. de Cambrai, canton de Clary. Distance de Cambrai : 17 kilom.
[2] Selvigny, même canton, 16 kil. de Cambrai.
[3] Elincourt, même canton, 22 kil. de Cambrai!
[4] Prémont, ancienne pairie du Cambrésis, appartient aujourd'hui au départiement de l'Aisne.
[5] Malincourt, canton de Clary, à 20 kil. de Cambrai.
[6] Clary, chef-lieu du canton de l'arr. de Cambrai, à

et convoqués à no conseil molt de personnes nobles, sages, et honnerables de no viesinage, pour no loi bien estaulir, deviser, et deubement konfermer. Ores est il donc ke jourdhuy xv. de may à me requeste se assemblerent en no castiel de Waulincourt, nobles hommes [1] . . . . . .
. . . .
et autres tant chevaliers qu'escuiers, tos hommes molt saiges et prudens por chou ke nous aviesmes à faire, en le fourme come il sensuit. 1. Quicunque tuera home ou dememberera ens et dedans no tieroir de Wallincourt, mort doit paier mort, et piel pour piel, ou en le volentet dou seigneur etc. Qui fiert de piet ou de poing sans faire sang xx sols paiera, et si sang y a lxxx sols. Qui fiert de baston sans faire sanc, et sans afoler lxxx. sols, et sil fait sanc c et xx sols. Quicunque traira coutiel à pointe sour aulcun sans ferir lxxx sols, sil en fiert sans occire et sans afoler xx. Qui fiert de hache, et qui trait espee sans sanc et sans ferir xl sols, et s'il en fiert C sols et de toute autre arme moelue c. sols et rendre au navré doit dammage raisonable, selon li gugement de no bailliu. Quicunque fiert aucun en se maison lxxx. etc. Si on vent maison manaule en

17 kil. de cette ville. La Sottière, mentionnée dans l'acte ci-dessus de 1237, n'est plus ni une commune, ni même un hameau. D'anciennes cartes l'indiquent comme une dépendance du village de Troisvilles.

[1] Je supprime les noms des témoins, tous seigneurs du pays, au nombre de 115.

no tieroir, li Sires en doit avoir le terche, etc. De le mencaudée[1] de tiere vendue IV. sols d'issuë et autant d'entrée, etc. Cascuns hom ki manoir tient entier doit IV coruuées l'an; li manouvrier doit 8 deniers pour le courouwée, etc. Cil ki a un keval doit III sols pour le corouvée, etc. Li Sire puet prendre si come il sieut les kiutes en se tiere, et li maires doit faire seurement, etc. Quicunque dementira autri par ire VII sols doit, s'il en est convaincu par tesmoins. Quicunque apiellera femme putain, VIII sols. Quicunque fiert femme ki n'est en li mamburnie LXX sols, etc. Si le Sire de Wallincourt est fait prisonnier en guiere ou en Terre Sainte, les manans doibuent douner dou leur pour se redemption selon le diskretion dou Sire. S'il fait faire sen fils aisné chievalier, les manans doibvent ensaule douner CLX. lib. S'il doune se fille aisnée en mariage LXXX livres pour honorer ses espeusailles. Quand li Sires aurat guiere, ou en sera semonchiet par sen souverain, les manans debvront livrer deniers selonc le reisonnable requeste de leur Signor, et sils trop grievés se trovaient cils pourront remonstranche en faire au Sires de Crievecuer, au gugement duquels mi ou li Sires apries mi entendre deverat il, etc. Si manans quitte no tieroir pour se placher alieurs, il debvera al Sire le quint de le valeur de sen manoir; s'il en a un, etc. Quicunque vendera vin sans afforer par eskievins C sols etc. Si le serjant

[1] La mencaudée de Cambrai, mesure agraire, qu'il ne faut pas confondre avec le mencaud, mesure de capacité, équivaut à 35 ares 46 centiares.

dou Signor trove kesnes coupant, ou portant a cou ou à karete, si le serjans en a tiesmongnage, cil à LXX sols de forfaits, etc. Si vacke, ou si keval trouvé par jor en bled, ou bos, ou en damage d'autrui à warde faite doit XX deniers, etc. Et se aucuns clame chatieus sour aultrui, qui eskievins doivent gugier, s'il est prouvé de faus clain, il doit VIII sols au Signor d'amende; et se aucuns nie dete ou chatieus, sil en est convencus il doit X sols. Et se aucuns clame hiretage, dont il soit convencus de faus clain il doit LXXX sols d'amende etc. Ches coses toutes oredennées nouvelement apries meur, sage et boen sonseil de tous les seignors et no amis à chou faire par nous ensaulement appiellés comme dit est, avons confirmét, et seailet de no propre saiel [1], etc. Ce fut fait en l'ans del Incarnassion N. Signeur M. CCC. et XVI. li jor susdits. »

[1] Le scel représentait un seigneur à cheval, tenant d'une main une épée, et de l'autre un écu chargé d'un lion, avec ces mots : *S. Johann. domini de Wallincurte, militis.*

DEUXIÈME PARTIE.

DEPUIS LA PREMIÈRE DESTRUCTION D'AUBENCHEUL, JUSQU'AUJOURD'HUI.

Les localités qui avoisinent Aubencheul-aux-bois souffrirent du quinzième au dix-huitième siècle tout ce que les guerres ont de plus désastreux : Esne fut détruit en partie, ceux qui habitaient au bout de la rue d'Outre-l'eau, vers le Bosquet-Madame, vinrent s'établir au lieu dit la Marlière, ou plutôt la Marnière. Lesdains et Montécouvez, furent livrés aux flammes; Malincourt, détruit par les guerres, fut rebâti à un kilomètre environ de son ancienne position. Deheries qui ne forme plus qu'une commune dont la petitesse a déjà plus d'une fois prêté au ridicule, était avant ces temps un village très-important; Villers-Outreaux a changé de place et de nom spécifique, il était plus rapproché d'Aubencheul, et s'appelait, dit-on, Villers-les-Tours; il existe entre Pienne et le Catelet, une hauteur couronnée autrefois d'habitations qui portaient le nom de Hannoy; le Catelet, ci-devant place fortifiée, n'est plus qu'un bourg ordinaire ; Beaurevoir a perdu ce fort où les Anglais emprisonnèrent Jeanne-d'Arc, etc.

Au milieu de ces malheurs, Aubencheul ne fut pas épargné, sa position près du château de Beaurevoir, de Crève-cœur, d'Honnecourt et du Catelet souvent pris et repris par des troupes acharnées, et quelquefois cruelles, l'exposa constamment aux horreurs de la guerre, de sorte que les habitants l'abandonnèrent deux fois ; la première pour quatorze ans, et la seconde pour vingt-cinq. Nous allons tâcher de déterminer les époques de ces émigrations.

En 1524, la Picardie fut ravagée par les Anglais et les impérialistes qui portèrent le fer et le feu jusqu'à douze lieues de Paris, et vinrent camper trois semaines à Crève-cœur où ils furent continuellement inquiétés par les Français. Ceux-ci vinrent à leur tour, le 18 juillet de la même année, camper à la place de leurs ennemis. Après avoir démoli les châteaux de Lesdain et de Crève-cœur, ils se retirèrent en France, ravageant et brûlant tous les villages d'alentour.

Trente et un ans plus tard, en 1557, Philippe d'Espagne s'empara de Saint-Quentin et du Catelet, pendant le siége duquel les villages voisins souffrirent beaucoup [1] et n'eurent pourtant qu'à se réjouir de n'être plus exposés aux exactions de la garnison française.

---

[1] Dupont, hist. de Cambrai.

La paix pour laquelle on s'était assemblé à Vaucelles en 1556 et 1558, fut conclue au Cateau dans le mois de Janvier 1559, Philippe rendit le Catelet à Henri de France. Aubencheul jouit tout au plus d'un peu de tranquillité jusqu'en 1581. Alors le duc de Parme, commandant pour les Espagnols, vint assiéger Cambrai; il établit à Crèvecœur et à Vaucelles, des forts que les Français attaquèrent toujours vainement, jusqu'à ce que Monsieur, arrivant avec une forte armée, fit lever le siége sans coup férir. Aubencheul souffrit sans doute beaucoup de ces troupes qui se choquèrent souvent dans les environs, mais cette commune devait s'atttendre à de nouveaux désastres. En 1595, le 10 Juin, le prince de Chimay attaque le Catelet par ordre du comte de Fuentès; celui-ci, irrité d'avoir perdu Ham au commencement du même mois, se venge sur le Catelet et ses environs, il fait presser le siége; en vain le gouverneur, Dampierre de Liéramont, soutient un assaut, il est obligé de céder, il se rend le 25.

En même temps, Balagny occupait, comme lieutenant du roi de France, le château de Beaurevoir, capable de renfermer un bon nombre de troupes et de soutenir un siége. Le caractère de ce capitaine, hautain, cruel et entreprenant, fait assez comprendre qu'il ne manqua pas de harceler le comte de Fuentès, de ravager et de détruire es villages voisins pour ne laisser aux troupes ennemies ni vivres, ni refuge.

Tout alors avait été mis à feu et à sang dans le

pays, les religieux de Vaucelles avaient quitté leur monastère pour se réfugier à Cambrai. L'abbaye du mont Saint-Martin avait été abandonnée en 1584 et rasée depuis ; les fermiers des environs, accablés d'impositions qu'ils n'avaient pu payer, s'étaient vu incarcérer dans la forteresse du Catelet.

Enfin, arriva la paix de 1598, l'abbaye du mont Saint-Martin fut reconstruite et repeuplée ; les fermiers des environs, renfermés dans les prisons du Catelet, furent relâchés par ordre du duc de Longueville ; ceux d'Aubencheul vinrent rebâtir leur village dont ils ne trouvèrent plus debout que les buissons, dits du Bois-Maillard ; il s'était écoulé quatorze ans depuis qu'ils avaient dû abandonner leur village, c'est-à-dire depuis 1584.

Mais les édifices qu'on releva alors ne devaient exister que quarante à cinquante ans. En 1635, les Français, en guerre avec les Espagnols, ravagèrent et brûlèrent la campagne de Crèvecœur. L'année suivante, les Espagnols se vengèrent en saccageant les villages voisins du Catelet, et en s'emparant de cette forteresse.

Honnecourt servait alors de retraite à une troupe d'aventuriers picards et artésiens, sous la conduite d'un chef audacieux nommé Marotel. Il exerçait de tels brigandages dans les communes voisines, que le sieur Maugré, gouverneur de Cambrai, ne crut pas les punir trop sévèrement en envoyant de cette ville un détachement qui fit sauter une porte d'Honnecourt, s'empara de la ville, mit tout à feu et à sang, démolit les fortifications dont quelques restes se sont conservés jusqu'aujourd'hui [1]. Une catastrophe non moins redoutable attendait le village de Lesdain et ses environnants; vers la fin d'Octobre 1637, le colonel Gassion, depuis Maréchal de France, fit une course dans le Cambrésis à la tête de huit cents chevaux; il brûla Lesdain et les autres habitations qu'il rencontra en se dirigeant vers le Catelet, dont il faillit prendre la garnison qui était allée au bois.

Tels étaient les malheurs qui pesaient sur cette contrée, lorsqu'en 1638 le prince du Hallier vint camper à Vaucelles, et mettre le siége devant le Catelet qu'il prit d'assaut le 14 Septembre de la même année [2].

En 1642, le maréchal de Grammont, vient camper le 19 Mai à Honnecourt où il se laisse surprendre et battre par les Espagnols. Le 26 du même mois, en 1647, Gassion et Rantzau campent à Vaucelles; trois ans plus tard, en 1650, le vicomte de Turenne s'empare du Catelet qui est repris par M. de Castelnau en 1655.

Tant de désastres jetèrent la consternation partout; en 1635, les religieux du mont-Saint-Martin abandonnèrent leur abbaye qui fut brûlée par les Espagnols en 1636; les habitants d'Aubencheul et des environs se réfugièrent à Vaucelles, d'abord dans l'enclos, puis dans l'église; bientôt leur multitude y corrompt l'air, et l'on se voit obligé

[1] Chronique de Balderic, notes de M. le docteur Le Glay.
[2] Ce siége a été peint par M. Lecomte, dont le tableau se voit au musée de Versailles.

de les conduire à Cambrai, accompagnés d'une escorte qui les mène jusqu'à la ferme du Boquet[1]. Ceux qui ne font point partie de cette émigration, se cachent dans les bois d'Ardissart, de Vaucelles, de Beaurevoir, etc., où ils coupent des fagots, les portent sur leur dos au Catelet, tantôt aux Espagnols et tantôt aux Français, selon que les uns ou les autres sont maîtres de cette forteresse, et tâchent d'en obtenir un peu de pain. Ce genre de vie est partagé par plusieurs religieux, et notamment par le Père le Mixte, prieur de mont Saint-Martin.

Enfin, la tranquillité se rétablit un peu; les religieux relèvent les ruines de leur couvent en 1664, et les Aubencheulois, éloignés de leur village depuis 1635 environ, reviennent vers l'an 1661, c'est-à-dire après vingt-cinq ans de malheurs et d'angoisses. Mais tout avait été réduit en cendres; et cette fois encore, dit la tradition, les buissons du Bois-Maillard se sont présentés seuls aux regards de ceux qui venaient chercher un village à la place d'Aubencheul-aux-bois, brûlé de 1635 à 1636.

Jean-Philippe Delvacque, et Antoinette Savary sa femme, arrivant d'Applincourt et de Riaucourt en Artois, construisent sur des terres en friche deux fermes où sont aujourd'hui celles de Prosper et d'Hyacinthe Passet. Les dames du Verger, cou-

---

[1] Ferme qui se trouvait à droite, entre Rumilly et Niergnies, pour celui qui allait de Crève-cœur à Cambrai. Elle n'existe plus.

vent fondé, comme nous l'avons vu plus haut, par un seigneur d'Aubencheul, exerçaient sur ce village les droits seigneuriaux, elles érigent aussi une ferme qu'elles louent à Félix Caron, premier mayeur depuis le retour des Aubencheulois. Cette ferme rasée peu de temps après par les ordres des mêmes dames du Verger, était occupée en dernier lieu par Bernard Caron. Michel Caron bâtit une ferme où réside aujourd'hui Augustin Lestoquoi; Lobry ou Loubri établit une forge; les religieux de Saint-Aubert qui eurent aussi la cure d'Aubencheul, comme nous l'avons dit dans la première partie, construisent un presbytère où se trouve maintenant la maison d'Augustin Passet, et bâtissent le chœur de l'église [1]. Lévêque, Grau, Deboucq, Dessains, Dessenne, Guéguin, Carpentier, Milhem, Ferlier, Ficheaux, Bernard, Biar, Simon, Val, Bancourt, Noblecourt, Chauwin, Dubois, Caré, Faucon, Dazin, Savary, Malezieux, Lhantoine, Coupé, Pattée, Dambraine, Gressier, Tibau, Billon, Domont, Bantigny, etc., viennent ensuite grouper leurs maisons de terre autour des susdites fermes, et voient bâtir, de 1661 à 1664, le chœur de l'église actuelle.

Ce n'est qu'en 1664 que l'on commence à tenir des registres de baptêmes, dont les actes sont d'abord signés par le curé de Villers, qui prend

---

[1] Ce que nous rapportons ici nous a été communiqué en grande partie par l'obligeance de M. Augustin Passet, ancien maire d'Aubencheul.

le titre de desserviteur d'Aubencheul ; puis, par Jean Iveca qui signe, en 1676, curé d'Aubencheul ; en 1677, prieur d'Aubencheul ; et en 1678, pasteur d'Aubencheul. Cette paroisse fut ensuite desservie par des vicaires de Villers, sous le nom de coadjuteurs ; par des prieurs du mont Saint-Martin et par d'autres qui portèrent les titres de curé, de pasteur, de prieur, de desserviteur et de vicaire d'Aubencheul.

En calculant la population de cette commune d'après les rapports que l'on y trouve entre le nombre des habitants et les naissances, les mariages, les décès, on voit qu'elle dut être de quatre-vingt-onze personnes en 1661, époque du retour des Aubencheulois ; de 149 en 1665 ; de 231 en 1670 ; de 358 en 1680 ; de 377 en 1690 ; et de 277 en 1700 [1]. Elle est aujourd'hui de 790.

La population semble avoir diminué de 1690 à 1700 ; mais il est plus probable que des actes auront été omis, à cause du trouble occasionné par l'agrandissement de l'église et le changement de registre qui eurent lieu à cette époque.

Il semble qu'Aubencheul, malgré le petit nombre des habitants, l'emportât alors en ressources sur Villers ; car la bibliothèque de Cambrai possède un manuscrit sous le N.º 641, contenant ce qui suit :

---

[1] Nous devons une partie de ces documents à M. Ildephonse Passet, maire actuel d'Aubencheul, lequel a bien voulu nous communiquer les anciens registres de la commune.

« Assiette faite par les députés des Etats généraux, le 1ᵉʳ septembre 1672 :

CRÈVE-CŒUR ET DÉPENDANCES.

» Pour la personnelle :   240 florins.
» Pour le moulinage :   120 florins.
» Pour la bierre :   600 florins.

AUBENCHEUL-AUX-BOIS.

» Pour la personnelle :   46 florins.
» Pour le moulinage :   20 florins.
» Pour la *consomption* de la bierre : 100 florins.

VILLERS-OUTREAUX.

» Pour la personnelle :   40 florins.
» Pour le moulinage :   20 florins.
» Pour la bierre :   80 florins. [1].

Ainsi, Aubencheul l'emportait d'environ un sixième sur Villers.

Pour connaître la valeur de ces impositions il suffira de savoir ce que coûtait alors le labourage de la terre et d'en comparer la dépense à celle d'aujourd'hui. Or, voici ce que l'on trouve dans les archives de Crève-cœur...

« . . . . Le 13 du mois d'octobre avoir reçu de Noël Willerval, tuteur des enfants de Jacques Jaquemare, la somme de 30 florins, pour avoir labouré trois mencaudées de terre en saison. 1754.

NOEL ROBERT.

» Item avoir touché douze patars (75 c.), pour droits de valet de *charus*. »

L'argent valait donc plus du double d'aujour-

---

[1] Le florin valait 1 fr. 25 c.

d'hui, puisque pour le même travail, on demanderait maintenant quatre-vingt et dix fr.. Ainsi la taxe de Crève-cœur valait 2880 francs de notre monnaie ; celle d'Aubencheul, 496 fr. 66 c. et celle de Villers, 420 environ.

Depuis le commencement du dix-huitième siècle, Aubencheul n'avait fait que s'accroître ; la rue des Juifs[1], la rue de l'Eglise, la rue d'En-Bas, la rue de Villers s'étaient tracées et bordées de maisons ; l'aïeul de M. Passet-Leroy avait relevé sa ferme : les religieux de Vaucelles, autorisés par Mgr. l'archevêque de Cambrai, le 8 mars 1759, avaient érigé près de cette commune, l'un des plus beaux calvaires du diocèse ; les dîmes du Bois-Maillard avaient été cédées à la cure d'Aubencheul, en 1728 ; les Aubencheulois avaient gagné, en 1778, un procès contre la commune de Crève-cœur, qui voulait leur défendre de glaner, de faire le chaume et de mener paître leurs grands et petits troupeaux sur le terroir de cette commune, etc.... lorsque la révolution de 1793 arriva.

Au mois de Juillet 1793, un détachement d'Autrichiens, campés à Solesmes, vint bivouaquer vingt-quatre heures sur les hauteurs du Catelet ; pendant la nuit les pillards se rendirent à Aubencheul, détruisirent les archives de la commune, s'emparèrent de tout ce qui leur tomba sous la main, bœufs, vaches, moutons, etc.; la brutalité

---

[1] Le nom de cette rue lui vient de ce qu'elle a été assignée à des Juifs pour résidence particulière.

de leur passion exercée jusque sur des femmes de soixante ans, conduisit celles-ci peu après au tombeau; Gouy et le Catelet ne souffrirent pas moins de ces excursions qui se renouvelèrent une vingtaine de fois, et n'empêchèrent pas les généraux autrichiens de faire des réquisitions en blé, avoine, fourrages, paille, bestiaux qui devaient être livrés sous peine d'exécution militaire.

De leur côté, les Français campés à Lechelle et à Avesnes, à Bourlon et à Fontaine-Notre-Dame, faisaient les mêmes réquisitions; les objets, à la vérité étaient payés, mais c'était au *maximum* et au *minimum* et en assignats, c'est-à-dire que le paiement était nul; il fallait cependant livrer sous peine d'être incarcéré et peut-être mis à mort comme aristocrate.

L'impiété devait joindre d'autres maux à ces malheurs : vainement, M. Carion, digne curé de cette paroisse, s'était efforcé de prévenir ses paroissiens contre l'irréligion, vainement il avait cherché à se les attacher en guérissant les maladies du corps, aussi bien que celles de l'âme; le comité du salut public lui envoya un dimanche après-midi, l'ordre de suspendre les pieux cantiques que de jeunes personnes adressaient au vrai Dieu : M. Carion refusa d'obtempérer à cette ridicule injonction; quelque temps après il fut incarcéré pour avoir refusé le serment à la constitution civile du clergé. Relâché ensuite, il mourut dans une sainte pauvreté, fut inhumé à Aubencheul : et, comme si sa vieillesse n'eût pas été assez abreuvée d'ingratitude, un de ses anciens paroissiens, pour lequel il eût sans doute donné sa vie, ouvrit sa tombe, prit ses vêtements, et se promena dans les rues en portant sur la tête le bonnet du saint prêtre. En même temps arriva un prêtre jureur, il s'installa dans le presbytère, mais on lui témoigna tant de défiance qu'il crut n'avoir rien de mieux à faire que de porter son schisme ailleurs.

Déjà la chapelle de Pienne était détruite; le calvaire avait été arraché en 1793; l'église dévastée [1]; soumissionnée avec le presbytère par Guille de Pienne, elle lui avait été vendue en 1795. Guille vendit plus tard le presbytère à Augustin Passet; mais prévoyant qu'il ne pourrait tirer le même parti de l'église, il se décide à la démolir, il apporte des échelles, les appose aux murs de l'église, il va se mettre à l'œuvre avec ses ouvriers, et les hommes d'Aubencheul gardent le silence de la crainte et de la stupéfaction; mais les femmes ont moins à craindre que les hommes, animées de l'esprit de foi que leur pasteur leur avait inspiré, elle se rassemblèrent sur la place, vont trouver Guille, munies de pierres; Marie-Anne Dubois, Marie-Louise Caron, Marie-Anne Dupuis, et Marie Pion, qui vit encore au moment où nous écrivons ces lignes, sont à leur tête [2]; leurs menaces et leurs armes effraient Guille, il suspend son acte de vanda-

[1] On prétend qu'un bras du Christ et le tabernacle, sauvés par de pieuses personnes, gisent encore aujourd'hui dans les greniers d'Aubencheul.
[2] Cette femme dit que pour mieux exciter leur courage, elles avaient fait quelques libations alcooliques.

lisme et entre en pourparler; il prétend que l'église n'appartenant pas à la commune, doit être mise au rang des biens nationaux. Personne n'a de titres à lui opposer, il va triompher; mais M. Charles-Ambroise Lefranc, ancien chanoine et principal du collége de Cambrai, vivait retiré dans sa famille depuis la révolution; il parcourt des papiers conservés par son père et retrouve des quittances attestant que l'église a été rebâtie par les habitants et par corvées. Il communique ces pièces aux habitants rassemblés sur la place; Guille, confondu [1] emporte ses échelles, heureux d'en être quitte à si bon compte; ainsi Aubencheul doit à la courageuse piété de quelques femmes, un édifice dont la perte eût été irréparable [2].

Cette église commencée par le chœur vers l'an 1663 fut bâtie à trois fois et terminée en 1691; les pierres ont été extraites d'une carrière voisine dont l'entrée est dans le puits de M. Célestin Lefebvre. Cette carrière, qui existe de temps immémorial, a fourni des pierres pour de nombreuses constructions; les personnes intelligentes qui l'ont parcourue avec des ouvriers, assurent que de l'ou-

---

[1] On sait qu'il ne s'agit que de la deuxième et troisième partie de l'église; le chœur avait été rebâti par des religieux; mais les pierres dans les mains des femmes, ne permettaient pas au vaillant Guille d'y regarder de si près.

[2] Ces faits connus de tout Aubencheul ont été recueillis de la bouche même de Marie Pion, par M. Boucher, clerc et instituteur d'Aubencheul, lequel a eu la bonté de nous les transmettre.

verture prise, pour centre, elle s'étend de tous côtés sur un rayon de cent mètres au moins. Il paraît qu'on alla aussi chercher des pierres dans un champ bordé par le chemin de Gouy et occupé maintenant par Prosper et Hyacinthe Passet.

Aux jours de la terreur ce village ne fut presque jamais privé des secours de la religion, plusieurs prêtres, et surtout un nommé M. Lemaire, probablement de Bevillers, y séjournèrent souvent en secret, et offrirent le sacrifice de la messe dans la maison d'Hyacinthe Passet, et dans d'autres. Aux moments les plus dangereux ils se retiraient au bois Maillard, dans la maison natale d'Ursule Dessenne encore vivante; ils y célébrèrent la messe sur une pierre qu'on avait été prendre la nuit à la chapelle de Pienne : quand on craignait quelque visite domiciliaire, les prêtres se cachaient dans une bove d'où ils pouvaient s'élancer facilement pour fuir au bois de la Terrière

Enfin arriva le concordat, M. Beauvois, de retour de l'émigration, desservit Aubencheul; nommé ensuite curé de Vendhuile, il se rendit dans sa nouvelle paroisse d'où il ne cessa presque pas d'administrer son ancienne; MM. Brusselle et Dien, curés de Beaurevoir et d'Aubencheul, n'ayant, pour ainsi dire, fait que passer à Aubencheul. En 1827 le 17 Juin, Aubencheul éprouva un incendie attribué à la malveillance, et qui dévora soixante-trois maisons avec leurs dépendances et leur contenu; la perte fut évaluée par l'autorité à 125 mille francs. On vit alors M. Beauvois parcourir une partie de l'arrondissement de Saint-Quentin, implorant la charité de ses nombreux amis pour ses paroissiens incendiés; l'ingratitude, dont il fut quelquefois abreuvé, ne le détacha jamais d'Aubencheul; il avait même le projet d'y revenir lorsque la mort l'enleva en 1831. M. Housset lui succéda dans sa double charge. Cependant les Aubencheulois désiraient depuis longtemps avoir un prêtre au milieu d'eux; M. Carlin, nommé en 1834, n'y resta que dix mois, pendant lesquels on parla beaucoup de bâtir un presbytère; son départ inattendu avait indigné la paroisse; on abandonna tous les projets, lorsque, par un arrangement passé entre MMgrs. les évêques de Soissons et de Cambrai, M. Boniface, ordonné le 16 Août 1835, fut nommé le même jour curé d'Aubencheul. Peu après son arrivée, le vote de 3000 francs pour l'érection d'un presbytère fut confirmé, envoyé au ministère et approuvé. Durant ce temps, M. Noël Milhem, qui, comme maire d'Aubencheul, avait toujours appuyé le vœu de la commune, fut remplacé au commencement de 1836 par M. Ildephonse Passet, dont la famille faisait le tiers des frais pour le presbytère. Celui-ci, de concert avec M. le curé, pressa l'érection de la maison curiale, entreprise et terminée par M. Chauwin, dit Ch'noin de la Terrière; et M. Boniface qui, cédant aux vœux de ses paroissiens, était venu demeurer au milieu d'eux, chez M. Boucher, clerc de la paroisse, entra au presbytère, le 27 octobre 1836. Les murs de la cour et du jardin furent érigés comme le reste aux frais de la commune, et Aubencheul put désormais compter qu'il aurait un prêtre pour sa seule paroisse.

Cet édifice était loin d'être payé lorsqu'en Juin 1839, une grêle affreuse, qui tomba pendant six minutes, en écrasa le toit aussi bien que toutes les couvertures des maisons ; tout fut hâché dans le terroir, et la perte évaluée à 30000 francs environ ; ceci n'empêcha pas les Aubencheulois de réparer leur presbytère et l'église, avec leurs fonds et ceux que voulut bien prêter sans intérêts une pieuse personne. Mgr. l'évêque de Soissons désirait témoigner en personne à cette paroisse le contentement qu'il en éprouvait : il profita du moment où il venait de donner la confirmation au Catelet pour se rendre à Aubencheul et féliciter les habitants de ce que, affligés par des incendies désastreux, ils s'étaient cependant imposés pour une somme égale au total de leurs impositions afin d'ériger un presbytère ; il les félicita en même temps sur leur foi et sur leur avancement dans la religion. A l'occasion du discours que lui adressa M. le curé, il leur dit qu'il espérait que le bien se continuerait et que leur jeune pasteur vieillirait au milieu d'eux ; cette dernière partie du vœu de Mgr. de Simony ne devait pas se réaliser : M. Boniface, appelé au commencement de février 1840, à un poste universitaire dans l'académie de Douai, s'y rendit vers le milieu de juin de la même année, et fut peu de temps après remplacé par M. Gozé. La religion et la morale faisaient en même temps des progrès bien consolants : un calcul basé sur les notions les plus précises qu'on peut avoir en pareil cas, donne les résultats suivants : en 1834, l'état religieux était à sa perfection morale comme 70 sont à 500; en 1835, sous M. Carlin, il était comme 170 à 500; en 1836, sous M. Boniface, comme 210 à 500; en 1837, comme 251 à 500; en 1838, comme 305 à 500; en 1839, comme 320 à 500; en 1840, comme 347 à 500. Julie Levaux s'était faite religieuse en 1837; Godlive, et Adèle Puche de Montécouvez, qui pour le spirituel ne faisait presqu'une paroisse avec Aubencheul, embrassèrent le même état en 1840. Tout prouve aujourd'hui que ce changement était fondé sur de bonnes bases et ne fera que se développer heureusement sous l'influence du nouveau pasteur.

TROISIÈME PARTIE.

MONTÉCOUVEZ, BOIS-MAILLARD, LA VIEUVILLE ET PIENNE.

Montécouvez ou Montécouvé[1] est un hameau du village de Crèvecœur, situé entre Aubencheul, Bonabus, Vaucelles, Lesdain et Villers-Outreaux, sur une éminence d'où la vue s'étend à plusieurs lieues de certains côtés. Ce nom peut signifier *mont aux javelles*[2], *mont aux gerbes*[3], *mont à couvetz*[4], *mont aux écouves*[5], *mont découvert*[6], *couvent, habitations de la montagne*[7].

[1] Il existe entre Lille et Douai une hauteur portant le même nom.
[2] De *mons*, montagne, et de *covus*, javelle.
[3] De *cova* et *covis*, gerbe de blé.
[4] D'une espèce de graine appelée *couvetz* ; c'est probablement du blé.
[5] Genêt à faire des balais, *genista scoparia* ; et en général, tout ce qui sert à faire des époussettes.
[6] D'où la vue s'étend au loin : quelques lettres doivent être changées, on a mille exemples de ces sortes de changements.
[7] Les mots *gouva, chouva, chowe* ont été employés autrefois dans le sens de *pagus*, hameau, village, contrée. Voyez Duchesne, tom. 7, page 109; les Annales de Saint-Bertin, en 870; Wastelain, page 271, 273, 283, 477. Alsatia illustrata, tom. 1, page 671.

Quelle que soit l'étymologie de Montécouvez, ce hameau n'eut d'abord qu'une ferme fondée, ou au moins reconstruite par des religieux de Saint-Bernard, peu après leur établissement à Vaucelles, qui eut lieu en 1131. Des frères convers vinrent d'abord l'exploiter et défricher les terres environnantes; forcés de l'abandonner pour quelque temps parce qu'ils manquaient d'eau, il y revinrent ensuite mais en plus petit nombre; ils s'étaient, en commençant, trouvés au nombre d'environ cent cinquante. Enfin, Robert de Saint-Venant, célèbre abbé de Vaucelles en 1209 jusqu'à 1238, voulant défendre ce lieu contre toute espèce d'incursion, y envoya de nombreux frères convers et des ouvriers; en peu de temps Montécouvez fut environné de murailles et ressembla à un petit fort dans lequel on entrait par deux portes surmontées de belles arcades : l'une se trouvait entre la grange actuelle de M. Carpentier et la maison de la veuve Maillot, cette porte et son arcade ont disparu depuis longtemps; l'autre était au bout de la maison de M. Simon; comme l'arcade menaçait ruine, M. Simon père l'abattit en 1812.

Mais ce que l'on fit alors de plus remarquable, ce fut la fameuse grange qui avait 97 mètres de longueur sur 35 de largeur; les murs du pignon avaient deux mètres 90 centimètres d'épaisseur, et les autres 2 mètres environ. Cette construction parut si prodigieuse à nos ancêtres que, ne pouvant se l'expliquer, ils forgèrent la fable suivante connue de tout le pays : « Tandis que le fermier de Montécouvez réfléchissait au moyen d'obtenir une grange que sa fortune ne lui permettait pas de construire, le démon se présenta à lui, et lui dit qu'il en érigerait une pour le lendemain, si le fermier lui donnait son âme; celui-ci accepta le traité à condition qu'il serait nul si la grange n'était pas achevée au premier chant du coq; aussitôt toute la troupe infernale accourt, et se met à l'œuvre; vers deux heures du matin, le bâtiment allait être achevé, mais les coups de maillet enfonçant les chevilles du faîte, réveillent la domestique; elle va trouver son maître qui lui déclare tout; effrayée du danger, elle court au poulailler, éveille les coqs, qui se mettent à chanter à l'envi. Les démons, honteux de n'avoir point réussi, n'ont pas même le temps de détruire leur ouvrage, ils disparaissent en laissant au fermier une belle grange presque achevée et à laquelle on ne toucha plus. »

Les bâtiments de Montécouvez avaient beaucoup souffert dans les désastres dont nous avons parlé à l'occasion d'Aubencheul; les murs d'enceinte étaient presque tous détruits, la grange n'avait guère conservé que ses maçonneries; ce qui engagea les religieux à faire tout abattre au commencement du dix-huitième siècle, c'est-à-dire, quand ils se furent un peu remis de leurs propres désastres; il ne reste plus de cet édifice, que la porte d'entrée qui se trouve dans la cour de M. Leroy, et quelques fondations [1]. Ils élevèrent, à la place, la ferme de

---

[1] Nous devons à l'obligeance de M. Leroy une partie des renseignements que nous donnons ici.

M. Monchicourt, en 1715; puis celle de MM. Puche, Simon, Lanthoine [1], Carpentier et celle de M. Leroy, terminée en 1727. Trois ans après, en 1730, on érigea la chapelle qui fut desservie par un religieux de Vaucelles, jusqu'à la révolution. A cette époque, les fermiers achetèrent leur exploitation à l'état, et la chapelle devint propriété de M. Dollé; diverses personnes y avaient été inhumées, mais il ne reste plus que les inscriptions, les corps ont disparu. Après la révolution, M. Beauvois desservit cette chapelle jusqu'à son départ pour Vendhuile, alors elle fut fermée de nouveau, servit de remise et de grenier; un sixième seulement resta au culte. C'est dans cette partie que M. Carlin, curé d'Aubencheul, recommença à célébrer la messe en 1834 : l'année suivante, 1835, M. Boniface lui succéda, et obtint du propriétaire [2], en 1838, qu'elle fût livrée au culte dans toute sa grandeur. Elle demeure fermée encore une fois depuis le départ de M. Boniface, qui eut lieu en 1840.

Montécouvez est en instances auprès du gouvernement pour se séparer de Crèvecœur, et former avec Bonne-enfance, les Angles, les fermes de MM. Lefranc et Passet Leroy, quelques maisons près le calvaire d'Aubencheul, le Bois-Maillard et Bonabus, une commune séparée, et dont il serait le centre. Tout porte à croire que ce projet ne tardera plus à se réaliser.

[1] La ferme de Lanthoine n'est plus habitée, et tombe en ruine.
[2] M. Carpentier.

Les familles des Leroy, des Dollé et des Simon, qui occupent trois fermes de ce hameau, sont très-anciennes dans le pays; elles se distinguèrent autrefois par leur vaillance, leur piété et leurs emplois.

BOIS-MAILLARD.

La terre sur laquelle est bâti ce hameau, doit son nom à la famille assez célèbre qui le possédait avec la Terrière, en 1103. Un membre de cette famille, Hilduin Maillard, donna en 1175, douze mencaudées de terre à l'abbaye du mont Saint-Martin. Un contrat de vente fait en 1354 donne à croire que cette terre tenait à un bois défriché aujourd'hui, le voici :

« Sachent tout chil etc. que pardevant *Willaume de Wilhem* Bailliu de Crevecuer, de très excellent et poissant Prince Monsr. le *Duc de Normandie* et les frans hommes en son Castiel de Crievecuer chi après nommes est assavoir Monsr. *Ansiel de Lievin* chevaliers, *Destamé Daneus*, *Iacquemars Turpin*, *Gilles de Haloy*, *Robiert l'Enfans*, *Iehans d'Espinoy* dit *Forestel*, *Sandrart de Hordaing*, *Mahieus trois.. Iacquemart Mabeuché* vinrent et comparurent personnellement *Gautiers de Hargival* Escuyers, et Demisiele *Isabiaus* se femme, liquels conjoins recognurent que por leur plus grant pourfit evidamment apparent il avient vendu etc, à hault home et noble *Watier d'Esturmel* Escuyer, et à Demisielle *Iehenne* se feme iretaulement à tosior le treffons de xix mencaudées et xx verges de bos séans ale... du Gayant, tenant au bos *Maillart* d'une part etc. Ce fut fait à Crievecuer, en le sale de Monsr. *Ansiel Lievin* Chievalier, dessus dit le vendredi prochain avant le Trinité, l'an de grasce M.CCC.LIV. »

Les archives de Crèvecœur contiennent un assez grand nombre d'actes de ventes faites au Bois-Maillard.

Ce hameau possédait autrefois une belle promenade en charmille et avait quelque importance, mais il n'est plus composé aujourd'hui que de quelques maisons d'un aspect assez triste.

VIEUVILLE.

Les fermes de MM. Lefranc et Passet-Leroy, dites autrefois la Viéville ou plutôt la Vieuville, ont probablement été fondées vers la fin du quinzième siècle en faveur d'un puîné de Jacques, Seigneur de Crèvecœur. Ce Jacques avait épousé en premières noces Bonne de la Viéville, héritière de la Vacquerie, plusieurs de leurs descendants portèrent le nom de la Viéville ou Vieuville.

Depuis le rétablissement d'Aubencheul, ces fermes ont perdu leur nom de Vieuville pour prendre ceux de leurs propriétaires.

PIENNE.

Des membres de la famille dite de Saint-Omer

dominèrent dans le treizième siècle à Bohain, Crèvecœur, Malincourt, et firent des donations à l'abbaye du Verger. De cette famille sortit celle de Pienne ou Van Peene, qui donna son nom à la terre et aux maisons dont nous parlons : elle le tenait d'un apanage situé au pied du mont Cassel, près de Bavinchove sur le ruisseau de Peen, qu'on écrit aujourd'hui Péene, et que les Flamands prononcent Pienne. Au sud-est de ce hameau, il existait une ferme nommée la sense Bernard. On dit que ce n'était qu'une de ces maisons rebâties à la hâte et en terre, lors du retour des Aubencheulois. Elle est détruite; mais la famille Bernard qui l'occupait a encore des descendants à Aubencheul.

EXPLICATION

DE QUELQUES MOTS CONTENUS DANS LES CHARTES, ET INCONNUS AUJOURD'HUI DANS LE LANGAGE DU CAMBRÉSIS.

Afforer, ... mettre le prix.
Anchisseurs, ... ancêtres,
Arme, ... âme.
Bers, ... pairs.
Castiel, ... chateau-fort.
Chiaus, ... ceux.
Chil, ... ceux.
Chatieus, ... punition.
Clain, ... action d'appeler.
Clame, ... appelle.
Corruptele, ... corruption.
Coutiel, ... couteau.
Deubement, ... dûment.
Ensaule, ... ensemble.
Eschievins, ... échevins, officiers municipaux.
Estaulir, ... établir.
Estaulissement. . . . . établissement.
Fach, ... frais.
Fiert, ... frappe.
Frans, ... libres.
Gugiement, ... jugement.
Gugier, ... juger.
Ire, ... colère.
Irétaulement, ... semblablement.
Jenuier, ... Janvier.
Jo, ... moi.
Keval, ... cheval.
Kiutes ou plutôt kintes, ... les cinquièmes.
Li, ... le, la, du.
Manant, ... habitant.
Manaule, ... habitable.
Manoir, ... habitation.

EXPLICATION.

Marme,	mon âme.
Moclue,	affilée.
Molt,	beaucoup.
Mordreres,	meurtriers.
Navré,	blessé.
Occire,	tuer.
Puet,	peut.
Quint,	cinquième partie.
Semonchiet,	appelé.
Sieut,	convient.
Tierche,	tiers.
Tosiors,	toujours.
Treffons,	fonds entier.
u,	ou.
Volentet,	volonté.
Warde,	garde.
Werre,	guerre.

REMARQUES.

Jean-François Foppens, (Supp. aux œuvres diplomatiques d'Aubert-le-Mire, page 22 et v.), donne le nom d'*Aubéchies* à l'abbaye d'Aubencheul, et la dit habitée par des Bénédictins. En rapportant la bulle d'Urbain II, il écrit *abbécias* au lieu d'*abbetias*. A l'exemple de Guichardin, (Description des Pays-Bas, page 399), il étend le Hainaut jusqu'à la Picardie et la rive droite de l'Escaut.

Le mot *Insula* de la bulle signifie un quartier, un enclos, un lieu retiré, selon ces paroles de Festus Pompeius, (De verborum significatione) : Insulæ *dictæ propriæ, quæ non junguntur communibus parietibus cum vicinis, circuituque publico aut privato junguntur : à similitudine videlicet earum terrarum, quæ fluminibus aut mari eminent; suntque in salo positæ*, et selon celles-ci : Urbs dividebatur in regiones; regiones in vicos; vici insulas; insulæ *in œdes privatas :*

Voyez Nicolas Bergier, Histoire des grands chemins de l'empire romain, livre 5, page 786.

Ce fut dans l'été de 1430, que Jeanne d'Arc fut enfermée au château de Beaurevoir. Voyez son histoire par J. J. E. Roy. chap. XI.

FIN.

Lille, imp. de L. Lefort. 1845.

www.ingramcontent.com/pod-product-compliance
Lightning Source LLC
LaVergne TN
LVHW021736080426
835510LV00010B/1275